湯問第五

殷湯問于夏革曰：『古初有物乎？』夏革曰：『古初無物，今惡得物？後之人將謂今之無物，可乎？』殷湯曰：『然則物無先後乎？』夏革曰：『物之終始，初無極已。始或爲終，終或爲始，惡知其紀？然自物之外，自事之先，朕所不知也。』殷湯曰：『然則上下八方有極盡乎？』革曰：『不知也。』湯固問。革曰：『無則無極，有則有盡，朕何以知之？然無極之外復無無極，無盡之中復無無盡。無極復無無極，無盡

復無無盡。朕以是知其無極無盡也，而不知其有極有盡也。』湯又問曰：『四海之外奚有？』革曰：『猶齊州也。』湯曰：『汝奚以實之？』革曰：『朕東行至營，人民猶是也。問營之東，復猶營也。西行至豳，人民猶是也。問豳之西，復猶豳也。朕以是知四海、四荒、四極之不异是也。故大小相含，無窮極也。含萬物者，亦如含天地。含萬物也故不窮，含天地也故無極。朕亦焉知天地之表不有大天地者乎？亦吾所不知也。然則天地亦物也。物有不足，故昔者女媧氏煉五色石以補其闕，斷鼇之足以立四極。其後共工氏與顓頊争爲帝，怒而觸

不周之山，折天柱，絶地維。故天傾西北，日月辰星就焉；地不滿東南，故百川水潦歸焉。』湯又問：『物有巨細乎？有修短乎？有同异乎？』革曰：『渤海之東不知幾億萬里，有大壑焉，實惟無底之谷，其下無底，名曰歸墟。八紘九野之水，天漢之流，莫不注之，而無增無減焉。其中有五山焉：一曰岱輿，二曰員嶠，三曰方壺，四曰瀛洲，五曰蓬萊。其山高下周旋三萬里，其頂平處九千里。山之中間相去七萬里，以爲鄰居焉。其上臺觀皆金玉，其上禽獸皆純縞。珠玕之樹皆叢生，華實皆有滋味，食之皆不老不死。所居之人皆仙聖之種，

一日一夕飛相往來者，不可數焉。而五山之根無所連箸，常隨潮波上下往還，不得暫峙焉。仙聖毒之，訴之于帝。帝恐流于西極，失群仙聖之居，乃命禺彊使巨鰲十五舉首而戴之。迭爲三番，六萬歲一交焉。五山始峙而不動。而龍伯之國有大人，舉足不盈數步而暨五山之所，一釣而連六鰲，合負而趣，歸其國，灼其骨以數焉。于是岱輿員嶠二山流于北極，沈于大海，仙聖之播遷者巨億計。帝憑怒，侵減龍伯之國使阨，侵小龍伯之民使短。至伏羲神農時，其國人猶數十丈。從中州以東四十萬里得僬僥國，人長一尺五寸。東北極有人名曰

諍人，長九寸。荆之南有冥靈者，以五百歲爲春，五百歲爲秋。上古有大椿者，以八千歲爲春，八千歲爲秋。朽壤之上有菌芝者，生于朝，死于晦。春夏之月有蠓蚋者，因雨而生，見陽而死。終北之北有溟海者，天池也，有魚焉，其廣數千里，其長稱焉，其名爲鯤。有鳥焉，其名爲鵬，翼若垂天之雲，其體稱焉。世豈知有此物哉？大禹行而見之，伯益知而名之，夷堅聞而志之。江浦之間生麽蟲，其名曰焦螟，群飛而集于蚊睫，弗相觸也。栖宿去來，蚊弗覺也。離朱子羽方晝拭眦揚眉而望之，弗見其形；䰡俞師曠方夜擿耳俯首而聽之，弗聞其聲。唯黄帝與容成子居空峒之上，同齋三月，心死形廢。徐以神視，塊然見之，若嵩山之阿；徐以氣聽，砰然聞之，若雷霆之聲。吴楚之國有大木焉，其名爲櫾，碧樹而冬生，實丹而味酸。食其皮汁，已憤厥之疾。齊州珍之，渡淮而北而化爲枳焉。鸜鵒不逾濟，貉逾汶則死矣。地氣然也。雖然，形氣异也，性鈞已，無相易已。生皆全已，分皆足已。吾何以識其巨細？何以識其修短？何以識其同异哉？』

太形王屋二山，方七百里，高萬仞。本在冀州之南，河陽之北。北山愚公者，年且九十，面山而居。懲山北之塞，出入之迂也，聚室而謀，曰：『吾與汝畢力平險，指通豫南，達于漢陰，可乎？』雜然相許。其妻獻疑曰：『以君之力，曾不能損魁父之丘，如太形王屋何？且焉置土石？』雜曰：『投諸渤海之尾，隱土之北。』遂率子孫荷擔者三夫，叩石墾壤，箕畚運于渤海之尾。鄰人京城氏之孀妻有遺男，始齔，跳往助之。寒暑易節，始一反焉。河曲智叟笑而止之，曰：『甚矣汝之不惠！以殘年餘力，曾不能毁山之一毛，其如土石何？』北山愚公長息曰：『汝心之固，固不可徹，曾不若孀妻弱子。雖我之死，有子存焉。子又生孫，孫又生子；子又有子，子又有孫：子子孫孫，無窮匱也，而山不加增，何苦而不平？』河曲智叟亡以應。操蛇之神聞之，懼其不已也，告之于帝。帝感其誠，命夸蛾氏二子負二山，一厝朔東，一厝雍南。自此，冀之南、漢之陰無隴斷焉。

夸父不量力，欲追日影，逐之于隅谷之際。渴欲得飲，赴飲河渭。河渭不足，將走北飲大澤。未至，道渴而死。弃其杖，尸膏肉所浸，生鄧林。鄧林彌廣數千里焉。

大禹曰：『六合之間，四海之内，照之以日月，經之以星辰，紀之以四時，要之以太歲。神靈所生，其物异形。或夭或壽，唯聖人能通其道。』夏革曰：『然則亦有不待神靈而生，不待陰陽而形，不待日月而明，不待殺戮而夭，不待將迎而壽，不待五穀而食，不待繒纊而衣，不待舟車而行。其道自然，非聖人之所通也。』

禹之治水土也，迷而失塗，謬之一國。濱北海之北，不知距齊州幾千萬里。其國名曰終北，不知際畔之所齊限，無風雨霜露，不生鳥獸、蟲魚、草木之類。四方悉平，周以喬陟。當國之中有山，山名壺領，狀若甔甀。頂有口，狀若員環，名曰滋穴。有水涌出，名曰神瀵，臭過蘭椒，味過醪醴。一源分爲四埒，注于山下。經營一國，亡不悉遍。土氣和，亡札厲。人性婉而從物，不競不爭。柔心而弱骨，不驕不忌；長幼儕居，不君不臣；男女雜游，不媒不聘；緣水而居，不耕不稼。土氣温適，不織不衣；百年而死，不夭不病。其民孳阜亡數，有喜樂，亡衰老哀苦。其俗好聲，相携而迭謡，終日不輟音。飢惓則飲神瀵，力志和平。過則醉，經旬乃醒。沐浴神瀵，膚色脂澤，香氣經旬乃歇。周穆王北游過其國，三年忘歸。既反周室，慕其國，慠然自失。不進酒肉，不召嬪御者，數月乃復。管仲勉齊桓公因游遼口，俱之其國，幾剋舉。隰朋諫曰：

列子

『君舍齊國之廣，人民之衆，山川之觀，殖物之阜，禮義之盛，章服之美。妖靡盈庭，忠良滿朝。肆咤則徒卒百萬，視撝則諸侯從命，亦奚羡于彼而弃齊國之社稷，從戎夷之國乎？此仲父之耄，奈何從之？』桓公乃止，以隰朋之言告管仲。仲曰：『此固非朋之所及也。臣恐彼國之不可知之也。齊國之富奚戀？隰朋之言奚顧？』

南國之人祝髮而裸，北國之人鞨巾而裘，中國之人冠冕而裳。九土所資，或農或商，或田或漁，如冬裘夏葛，水舟陸車，默而得之，性而成之。越之東有輒沐之國，其長子生，則鮮而食之，謂之宜弟。其大父死，負其大母而弃之，曰：『鬼妻不可以同居處。』楚之南有炎人之國，其親戚死，㱙其肉而弃之，然後埋其骨，乃成爲孝子。秦之西有儀渠之國者，其親戚死，聚柴積而焚之。燻則烟上，謂之登遐，然後成爲孝子。此上以爲政，下以爲俗，而未足爲异也。

孔子東游，見兩小兒辯鬥。問其故，一兒曰：『我以日始出時去人近，而日中時遠也。』一兒以日初出遠，而日中時近也。』一兒曰：『日初出大如車蓋，及日中則如盤盂，此不爲遠者小而近者大乎？』一兒曰：『日初出滄滄凉凉，及其日中如探湯，此不爲近者熱而遠者凉乎？』孔子不能决也。兩小兒笑曰：『孰爲汝多知乎？』

均，天下之至理也，連于形物亦然。均髮均縣，輕重而髮絶，髮不均也。均也，其絶也莫絶。人以爲不然，自有知其然者也。詹何以獨繭絲爲綸，芒針爲鈎，荆篠爲竿，剖粒爲餌，引盈車之魚于百仞之淵、汨流之中，綸不絶，鈎不伸，竿不撓。楚王聞而异之，召問其故。詹何曰：『臣聞先大夫之言，蒲且子之弋也，弱弓纖繳，乘風振之，連雙鶬于青雲之際。用心專，動手均也。臣因其事，放而學釣，五年始盡其道。當臣之臨河持竿，心無雜慮，唯魚之念；投綸沈鈎，手無輕重，物莫能亂。魚見臣之鈎餌，猶沈埃聚沫，吞之不疑。所以能以弱制强，以輕致重也。大王治國誠能若此，則天下可運于一握，將亦奚事哉？』楚王曰：『善。』

魯公扈、趙齊嬰二人有疾，同請扁鵲求治。扁鵲治之。既同愈。謂公扈、齊嬰曰：『汝曩之所疾，自外而干府藏者，固藥石之所已。今有偕生之疾，與體偕長，今爲汝攻之，何如？』二人曰：『願先聞其驗。』扁鵲謂公扈曰：『汝志强而氣弱，故足于謀而寡于斷。齊嬰志弱而氣强，故少于慮而傷于專。若換汝之心，則均于善矣。』扁鵲遂飲二人毒酒，迷死三日，剖胸探心，易而置之，投以神藥，既悟如初。二人辭歸。于是公扈反齊嬰之室，而有其妻子，妻子弗識。齊嬰亦反公扈之室，有其妻子，妻子亦弗識。二室因相與訟，求辨于扁鵲。扁鵲辨其所由，訟乃已。

匏巴鼓琴而鳥舞魚躍，鄭師文聞之，弃家從師襄游。柱指鈞弦，三年不成章。師襄曰：『子可以歸矣。』師文舍其琴，嘆曰：『文非弦之不能鈞，非章之不能成。文所存者不在弦，所志者不在聲。內不得于心，外不應于器，故不敢發手而動弦。且小假之，以觀其後。』無幾何，復見師襄。師襄曰：『子之琴何如？』師文曰：『得之矣。請嘗試之。』于是當春而叩商弦以召南呂，涼風忽至，草木成實。及秋而叩角弦，以激夾鍾，溫風徐迴，草木發榮。當夏而叩羽弦以召黃鐘，霜雪交下，川池暴沍。及冬而叩徵弦以激蕤賓，陽光熾烈，堅冰立散。將終，命宮而總四弦，則景風翔，慶雲浮，甘露降，澧泉涌。師襄乃撫心高蹈曰：『微矣子之彈也！雖師曠之清角，鄒衍之吹律，亡以加之。被將挾琴執管而從子之後耳。』

薛譚學謳于秦青，未窮青之技，自謂盡之，遂辭歸。秦青弗止。餞于郊衢，撫節悲歌，聲振林木，響遏行雲。薛譚乃謝求反，終身不敢言歸。秦青顧謂其友曰：『昔韓娥東之齊，匱糧，過雍門，鬻歌假食。既去而餘音繞梁欐，三日不絕，左右以其人弗去。過逆旅，逆旅人辱之。韓娥因曼聲哀哭，一里老幼悲愁，垂涕相對，三日不食。遽而追之。娥還，復爲曼聲長歌，一里老幼喜躍抃舞，弗能自禁，忘向之悲也。乃厚賂發之。故雍門之人至今善歌哭，放娥之遺聲。』

伯牙善鼓琴，鍾子期善聽。伯牙鼓琴，志在登高山。鍾子期曰：『善哉！峨峨兮若泰山！』志在流水。鍾子期曰：

『善哉！洋洋兮若江河！』伯牙所念，鍾子期必得之。伯牙游于泰山之陰，卒逢暴雨，止于岩下，心悲，用援琴而鼓之。初爲霖雨之操，更造崩山之音。曲每奏，鍾子期輒窮其趣。伯牙乃舍琴而嘆曰：『善哉，善哉！子之聽夫！志想象猶吾心也。吾于何逃聲哉？』

周穆王西巡狩，越崑崙，不至弇山。反還，未及中國，道有獻工人名偃師，穆王薦《釋文》：『薦，《廣雅》音進。』此處『薦』應作『進』。下同。之，問曰：『若有何能？』偃師曰：『臣唯命所試。然臣已有所造，願王先觀之。』穆王曰：『日以俱來，吾與若俱觀之。』翌日，偃師謁見王。王薦之，曰：『若與偕來者何人邪？』對曰：『臣之所造能倡者。』穆王驚視之，趣步俯仰，信人也。巧夫顉其頤，則歌合律；捧其手，則舞應節。千變萬化，惟意所適。王以爲實人也，與盛姬内御并觀之。技將終，倡者瞬其目而招王之左右侍妾。王大怒，立欲誅偃師。偃師大懾，立剖散倡者以示王，皆傅會革、木、膠、漆、白、黑、丹、青之所爲。王諦料之，内則肝、膽、心、肺、脾、腎、腸、胃，外則筋骨、支節、皮毛、齒髮，皆假物也，而無不畢具者。合會復如初見。王試廢其心，則口不能言；廢其肝，則目不能視；廢其腎，則足不能步。穆王始悦而嘆曰：『人之巧乃可與造化者同功乎？』詔貳車載之以歸。夫班輸之雲梯，墨翟之飛鳶，自謂能之極也。弟子東門賈禽滑釐聞偃師之巧以告二子，二子終身不敢語藝，而時執規矩。

甘蠅，古之善射者，彀弓而獸伏鳥下。弟子名飛衛，學射于甘蠅，而巧過其師。紀昌者，又學射于飛衛。飛衛曰：『爾先學不瞬，而後可言射矣。』紀昌歸，偃卧其妻之機下，以目承牽挺。二年之後，雖錐末倒眦，而不瞬也。以告飛衛。飛衛曰：『未也，必學視而後可。視小如大，視微如著，而後告我。』昌以氂懸虱于牖，南面而望之。旬日之間，浸大也。三年之後，如車輪焉。以睹餘物，皆丘山也。乃以燕角之弧、朔蓬之簳射之，貫虱之心，而懸不絶。以告飛衛。飛衛高蹈拊膺曰：『汝得之矣！』紀昌既盡衛之術，計天下之敵己者，一人而已，乃謀殺飛衛。相遇于野，二人交射，中路矢鋒相觸，而墜于地，而塵不揚。飛衛之矢先窮。紀昌遺一矢，既發，飛衛以棘刺之端扞之，而無差焉。于是二子泣而投弓，相拜于塗，請爲父子。剋臂以誓，不得告術于人。

造父之師曰泰豆氏。造父之始從習御也，執禮甚卑，泰豆三年不告。造父執禮愈謹，乃告之曰：『古詩言：「良弓之子，必先爲箕，良冶之子，必先爲裘。」汝先觀吾趣。趣如事，然後六轡可持，六馬可御。』造父曰：『唯命所從。』泰豆乃立木爲塗，僅可容足，計步而置，履之而行。趣走往還，無跌失也。造父學之，三日盡其巧。泰豆嘆曰：『子何其敏也？得之捷乎！凡所御者，亦如此也。曩汝之行，得之于足，應之于心。推于御也，齊輯乎轡銜之際，而急緩乎唇吻之和，正度乎胸臆之中，而執節乎掌握之間。內得于中心，而外合于馬志，是故能進退履繩而旋曲中規矩，取道致遠而氣力有餘，誠得其術也。得之于銜，應之于轡；得之于轡，應之于手；得之于手，應之于心。則不以目視，不以策驅，心閑體正，六轡不亂，而二十四蹄所投無差，迴旋進退，莫不中節。然後輿輪之外可使無餘轍，馬蹄之外可使無餘地。未嘗覺山谷之嶮，原隰之夷，視之一也。吾術窮矣。汝其識之！』

魏黑卵以暱嫌殺丘邴章，丘邴章之子來丹謀報父之仇。丹氣甚猛，形甚露，計粒而食，順風而趨。雖怒，不能稱兵以報之。耻假力于人，誓手劍以屠黑卵。黑卵悍志絶衆，力抗百夫。節骨皮肉，非人類也。延頸承刀，披胸受矢，鋩鍔摧屈，而體無痕撻。負其材力，視來丹猶雛鷇也。來丹之友申他曰：『子怨黑卵至矣，黑卵之易子過矣，將奚謀焉？』來丹垂涕曰：『願子爲我謀。』申他曰：『吾聞衛孔周其祖得殷帝之寶劍，一童子服之，却三軍之衆，奚不請焉？』來丹遂適衛，見孔周，執僕御之禮，請先納妻子，後言所欲。孔周曰：『吾有三劍，唯子所擇，皆不能殺人，且先言其狀。一曰含光，視之不可見，運之不知有。其所觸也，泯然無際，經物而物不覺。二曰承影，將旦昧爽之交，日夕昏明之際，北面而察之，淡淡焉若有物存，莫識其狀。其所觸也，竊竊然有聲，經物而物不疾也。三曰宵練，方晝則見影而不見光，方夜見光而不見形。其觸物也，騞然而過，隨過隨合，覺疾而不血刃焉。此三寶者，傳之十三世矣，而無施于事。匣而藏之，未嘗啓封。』來丹曰：『雖然，吾必請其下者。』孔周乃歸其妻子，與齋七日。晏陰之間，跪而授其下劍，來丹再拜受之以歸。來丹遂執劍從黑卵。時黑卵之醉偃于牖下，自頸至腰三斬之。黑卵不覺。來丹以黑卵之死，趣而退。遇黑卵之子于門，擊之三下，如投虛。黑卵之子方笑曰：『汝何蚩而三招予？』來丹知劍之不能殺人也，嘆而歸。黑卵既醒，怒其妻曰：『醉而露我，使人

嗌疾而腰急。』其子曰：『疇昔來丹之來，遇我于門，三招我，亦使我體疾而支强，彼其厭我哉！』

周穆王大征西戎，西戎獻錕鋙之劍，火浣之布。其劍長尺有咫，練鋼赤刃，用之切玉如切泥焉。火浣之布，浣之必投于火。布則火色，垢則布色。出火而振之，皓然疑乎雪。皇子以爲無此物，傳之者妄。蕭叔曰：『皇子果于自信，果于誣理哉！』

力命第六

力謂命曰：『若之功奚若我哉？』命曰：『汝奚功于物而欲比朕？』力曰：『壽夭、窮達，貴賤、貧富，我力之所能也。』命曰：『彭祖之智不出堯舜之上，而壽八百；顔淵之才不出衆人之下，而壽十八。仲尼之德不出諸侯之下，而困于陳、蔡；殷紂之行不出三仁之上，而居君位。季札無爵于吴，田恒專有齊國。夷齊餓于首陽，季氏富于展禽。若是汝力之所能，柰何壽彼而夭此，窮聖而達逆，賤賢而貴愚，貧善而富

惡邪？』力曰：『若如若言，我固無功于物，而物若此邪，此則若之所制邪？』命曰：『既謂之命，柰何有制之者邪？朕直而推之，曲而任之。自壽自夭，自窮自達，自貴自賤，自富自貧，朕豈能識之哉？朕豈能識之哉？』

北宫子謂西門子曰：『朕與子并世也，而人子達；并族也，而人子敬；并貌也，而人子愛；并言也，而人子庸；并行也，而人子誠；并仕也，而人子貴；并農也，而人子富；并商也，而人子利。朕衣則裋褐，食則粢糲，居則蓬室，出則徒行。子衣則文錦，食則粱肉，居則連欐，出則結駟。在家熙然有弃

朕之心，在朝謂然有敖朕之色。請謁不及相，遨游不同行，固有年矣。子自以德過朕邪？』西門子曰：『予無以知其實。汝造事而窮，予造事而達，此厚薄之驗歟？而皆謂與予并，汝之顏厚矣。』北宮子無以應，自失而歸。中途遇東郭先生。先生曰：『汝奚往而反，偊偊而步，有深愧之色邪？』北宮子言其狀。東郭先生曰：『吾將舍汝之愧，與汝更之西門氏而問之。』曰：『汝奚辱北宮子之深乎？固且言之。』西門子曰：『北宮子言世族、年貌、言行與予并，而賤貴、貧富與予異。予語之曰：予無以知其實。汝造事而窮，予造事而達，此將厚薄之驗歟？而皆謂與予并，汝之顏厚矣。』東郭先生曰：『汝之言厚薄不過言才德之差，吾之言厚薄异于是矣。夫北宮子厚于德，薄于命；汝厚于命，薄于德。汝之達，非智得也；北宮子之窮，非愚失也。皆天也，非人也。而汝以命厚自矜，北宮子以德厚自愧，皆不識夫固然之理矣。』西門子曰：『先生止矣！予不敢復言。』北宮子既歸，衣其裋褐，有狐貉之溫；進其茙菽，有稻粱之味；庇其蓬室，若廣廈之蔭；乘其篳輅，若文軒之飾。終身逌然，不知榮辱之在彼也，在我也。東郭先生聞之曰：『北宮子之寐久矣，一言而能寤，易悟也哉！』

管夷吾、鮑叔牙二人相友甚戚，同處于齊。管夷吾事公子糾，鮑叔牙事公子小白。齊公族多寵，嫡庶并行。國人懼亂。管仲與召忽奉公子糾奔魯，鮑叔奉公子小白奔莒。既而公孫無知作亂，齊無君，二公子争入。管夷吾與小白戰于莒，道射中小白帶鈎。小白既立，脅魯殺子糾，召忽死之，管夷吾被囚。鮑叔牙謂桓公曰：『管夷吾能，可以治國。』桓公曰：『我仇也，願殺之。』鮑叔牙曰：『吾聞賢君無私怨，且人能爲其主，亦必能爲人君。如欲霸王，非夷吾其弗可。君必舍之！』遂召管仲。魯歸之，齊鮑叔牙郊迎，釋其囚。桓公禮之，而位于高國之上，鮑叔牙以身下之，任以國政，號曰仲父。桓公遂霸。管仲嘗嘆曰：『吾少窮困時，嘗與鮑叔賈，分財多自與。鮑叔不以我爲貪，知我貧也。吾嘗爲鮑叔謀事而大窮困，鮑叔不以我爲愚，知時有利不利也。吾嘗三仕，三見逐于君，鮑叔不以我爲不肖，知我不遭時也。吾嘗三戰三北，鮑叔不以我爲怯，知我有老母也。公子糾敗，召忽死之，吾幽囚受辱。鮑叔不以我爲無恥，知我不羞小節而恥名不顯于天下也。生我者父母，知我者鮑叔也！』此世稱管鮑善交者，小白善用能者。然實無善交，實無用能也。實無善交實無用能者，非更有善交、更有善用能也。召忽非能死，不得不死；鮑叔非能舉賢，不得不舉；小白非能用仇，不得不用。及管夷吾有病，小白問之，曰：『仲父之病疾矣，可不諱。云，至于大病，則寡人惡乎屬國而可？』夷吾曰：『公誰欲歟？』小白曰：『鮑叔牙可。』曰：『不可。其爲人也，潔廉善士也，其于不己若者不比之人，一聞人之過，終身不忘。使之理國，上且鈎乎君，下且逆乎民。其得罪于君也，將弗久矣。』小白曰：『然則孰可？』對曰：『勿已，則隰朋可。其爲人也，上忘而下不叛，愧其不若黃帝而哀不已若者。以德分人，謂之聖人；以財分人，謂之賢人。以賢臨人者，未有得人者也；以賢下人者，未有不得人者也。其于國有不聞也，其于家有不見也。勿已，則隰朋可。』然則管夷吾非薄鮑叔也，不得不薄；非厚隰朋也，不得不厚。厚之于始，或薄之于終；薄之于終，或厚之于始。厚薄之去來，弗由我也。

鄧析操兩可之説，設無窮之辭，當子産執政，作《竹刑》。鄭國用之，數難子産之治。子産屈之。子産執而戮之，俄而誅之。然則子産非能用《竹刑》，不得不用；鄧析非能屈子産，不得不屈；子産非能誅鄧析，不得不誅也。

可以生而生，天福也；可以死而死，天福也。可以生而不生，天罰也；可以死而不死，天罰也。可以生，可以死，得生得死有矣；不可以生，不可以死，或死或生，有矣。然而生生死死，非物非我，皆命也，智之所無柰何。故曰：窈然無際，天道自會；漠然無分，天道自運。天地不能犯，聖智不能干，鬼魅不能欺。自然者，默之成之，平之寧之，將之迎之。

楊朱之友曰季梁。季梁得疾，七日大漸。其子環而泣之，請醫。季梁謂楊朱曰：『吾子不肖如此之甚，汝奚不爲我歌以曉之？』楊朱歌曰：『天其弗識，人胡能覺？匪祐自天，弗孽由人。我乎汝乎！其弗知乎！醫乎巫乎！其知之乎？』其子弗曉，終謁三醫。一曰矯氏，二曰俞氏，三曰盧氏，診其所疾。矯氏謂季梁曰：『汝寒溫不節，虛實失度，病由飢飽色欲。精慮煩散，非天非鬼。雖漸，可攻也。』季梁曰：『衆醫也，亟屏之！』俞氏曰：『女始則胎氣不足，乳湩有餘。病非一朝一夕之故，其所由來漸矣，弗可已也。』季梁曰：『良醫也，且食之！』盧氏曰：『汝疾不由天，亦不由人，亦不由鬼。稟生受形，既有制之者矣，亦有知之者矣。藥石其如汝何？』季梁曰：『神醫也，重貺遣之！』俄而季梁之疾自瘳。

生非貴之所能存，身非愛之所能厚；生亦非賤之所能夭，身亦非輕之所能薄。故貴之或不生，賤之或不死；愛之或不厚，輕之或不薄。此似反也，非反也。此自生自死，自厚自薄。或貴之而生，或賤之而死；或愛之而厚，或輕之而薄。此似順也，非順也。此亦自生自死，自厚自薄。鬻熊語文王曰：『自長非所增，自短非所損。算之所亡若何？』老聃語關尹曰：『天之所惡，孰知其故？』言迎天意，揣利害，不如其已。

楊布問曰：『有人于此，年兄弟也，言兄弟也，才兄弟也，貌兄弟也；而壽夭父子也，貴賤父子也，名譽父子也，愛憎父子也。吾惑之。』楊子曰：『古之人有言，吾嘗識之，將以告若。不知所以然而然，命也。今昏昏昧昧，紛紛若若，隨所爲，隨所不爲。日去日來，孰能知其故？皆命也夫。信命者，亡壽夭；信理者，亡是非；信心者，亡逆順；信性者，亡安危。則謂之都亡所信，都亡所不信。真矣慤矣，奚去奚就？奚哀奚樂？奚爲奚不爲？《黄帝之書》云：「至人居若死，動若械。」亦不知所以居，亦不知所以不居；亦不知所以動，亦不知所以不動。亦不以衆人之觀易其情貌，亦不謂衆人之不觀不易其情貌。獨往獨來，獨出獨入，孰能礙之？』

墨杘、單至、嘽咺、憋懯四人相與游于世，胥如志也，窮年不相知情，自以智之深也。巧佞、愚直、婩斫、便辟四人相與游于世，胥如志也，窮年而不相語術，自以巧之微也。⿰犭翏㤉、情露、讒極、凌誶四人相與游于世，胥如志也，窮年不相曉悟，自以爲才之得也。眠娗、諈諉、勇敢、怯疑四人相與游于世，胥如志也，窮年不相謫發，自以行無戾也。多偶、自專、乘權、隻立四人相與游于世，胥如志也，窮年不相顧眄，自以時之適也。此衆態也。其貌不一，而咸之于道，命所歸也。

佹佹成者，俏成也，初非成也。佹佹敗者，俏敗者也，初非敗也。故迷生于俏，俏之際昧然。于俏而不昧然，則不駭外禍，不喜内福。隨時動，隨時止，智不能知也。信命者，于彼我無二心。于彼我而有二心者，不若揜目塞耳，背坂面隍亦不墜仆也。故曰：死生自命也，貧窮自時也。怨夭折者，不知命者也；怨貧窮者，不知時者也。當死不懼，在窮不戚，知命安時也。其使多智之人量利害，料虛實，度人情，得亦中，亡亦中。其少智之人不量利害，不料虛實，不度人情，得亦中，亡亦中。量與不量，料與不料，度與不度，奚以异？唯亡所量，亡所不量，則全而亡喪。亦非知全，亦非知喪。自全也，自亡也，自喪也。

齊景公游于牛山，北臨其國城而流涕曰：『美哉國乎！鬱鬱芊芊，若何滴滴去此國而死乎？使古無死者，寡人將去斯而之何？』史孔、梁丘據皆從而泣曰：『臣賴君之賜，疏食惡肉可得而食，駑馬稜車可得而乘也，且猶不欲死，而況吾君乎？』晏子獨笑于旁。公雪涕而顧晏子曰：『寡人今日之游悲，孔與據皆從寡人而泣，子之獨笑，何也？』晏子對曰：『使賢者常守之，則太公、桓公將常守之矣；使有勇者而常守之，則莊公、靈公將常守之矣。數君者將守之，吾君方將

被蓑笠而立乎畎畝之中，唯事之恤，行假今死乎？則吾君又安得此位而立焉？以其迭處之迭去之，至于君也，而獨爲之流涕，是不仁也。見不仁之君，見諂諛之臣。臣見此二者，臣之所爲獨竊笑也。』景公慚焉，舉觴自罰。罰二臣者，各二觴焉。

魏人有東門吳者，其子死而不憂。其相室曰：『公之愛子，天下無有。今子死不憂，何也？』東門吳曰：『吾常無子，無子之時不憂。今子死，乃與嚮無子同，臣奚憂焉？』

農赴時，商趣利，工追術，仕逐勢，勢使然也。然農有水旱，商有得失，工有成敗，仕有遇否，命使然也。

楊朱第七

楊朱游于魯，舍于孟氏。孟氏問曰：『人而已矣，奚以名爲？』曰：『以名者爲富。』『既富矣，奚不已焉？』曰：『爲貴。』『既貴矣，奚不已焉？』曰：『爲死。』『既死矣，奚爲焉？』曰：『爲子孫。』『名奚益于子孫？』曰：『名乃苦其身，燋其心。乘其名者，澤及宗族，利兼鄉黨，況子孫乎？』『凡爲名者必廉，廉斯貧；爲名者必讓，讓斯賤。』曰：『管仲之相齊也，君淫亦淫，君奢亦奢，志合言從，道行國霸。死之後，管氏而已。田氏之相齊也，君盈則己降，君斂則己施，民皆歸之，因有齊國。子孫享之，至今不絕。』若實名貧，僞名富。』曰：『實無名，名無實。名者，僞而已矣。昔者堯、舜僞以天下讓許由、善卷，而不失天下，享祚百年。伯夷、叔齊實以孤竹君讓，而終亡其國，餓死于首陽之山。實、僞之辯，如此其省也。』

楊朱曰：『百年，壽之大齊。得百年者，千無一焉。設有一者，孩抱以逮昏老，幾居其半矣。夜眠之所弭，晝覺之所遺，又幾居其半矣。痛疾哀苦，亡失憂懼，又幾居其半矣。量十數年之中，逌然而自得亡介焉之慮者，亦亡一時之中爾。則人之生也奚爲哉？奚樂哉？爲美厚爾，爲聲色爾。而美厚復不可常厭足，聲色不可常玩聞。乃復爲刑賞之所禁勸，名法之所進退。遑遑爾競一時之虛譽，規死後之餘榮；偊偊爾慎耳目之觀聽，惜身意之是非。徒失當年之至樂，不能自肆于一時。重囚纍梏，何以异哉？太古之人，知生之暫來，知死之暫往。故從心而動，不違自然所好。當身之娛非所去也，故不爲名所勸。從性而游，不逆萬物所好，死後之名非所取也，故不爲刑所及。名譽先後，年命多少，非所量也。』

楊朱曰：『萬物所异者生也，所同者死也。生則有賢愚、貴賤，是所异也；死則有臭腐、消滅，是所同也。雖然，賢愚、貴賤，非所能也，臭腐、消滅，亦非所能也。故生非所生，死非所死，賢非所賢，愚非所愚，貴非所貴，賤非所賤。然而萬物齊生齊死，齊賢齊愚，齊貴齊賤。十年亦死，百年亦死，仁聖亦死，凶愚亦死。生則堯舜，死則腐骨；生則桀紂，死則腐骨。腐骨一矣，孰知其异？且趣當生，奚遑死後？』

楊朱曰：『伯夷非亡欲，矜清之郵，以放餓死。展季非亡情，矜貞之郵，以放寡宗。清貞之誤善之若此。』

楊朱曰：『原憲窶于魯，子貢殖于衛。原憲之窶損生，子貢之殖累身。』『然則窶亦不可，殖亦不可，其可焉在？』曰：『可在樂生，可在逸身。故善樂生者不窶，善逸身者不殖。』

楊朱曰：『古語有之：「生相憐，死相捐。」此語至矣。相憐之道，非唯情也。勤能使逸，飢能使飽，寒能使温，窮能使達也。相捐之道，非不相哀也。不含珠玉，不服文錦，不陳犧牲，不設明器也。』

晏平仲問養生于管夷吾。管夷吾曰：『肆之而已，勿壅勿閼。』晏平仲曰：『其目柰何？』夷吾曰：『恣耳之所欲聽，恣目之所欲視，恣鼻之所欲向，恣口之所欲言，恣體之所欲安，恣意之所欲行。夫耳之所欲聞者音聲，而不得聽，謂之閼聰；目之所欲見者美色，而不得視，謂之閼明；鼻之所欲向者椒蘭，而不得嗅，謂之閼顫；口之所欲道者是非，而不得言，謂之閼智；體之所欲安者美厚，而不得從，謂之閼適；意之所欲爲者放逸，而不得行，謂之閼性。凡此諸閼，廢虐之主。去廢虐之主，熙熙然以俟死，一日、一月、一年、十年，吾所謂養。拘此廢虐之主，録而不舍，戚戚然以至久生，百年、千年、萬年，非吾所謂養。』管夷吾曰：『吾既告子養生矣，送死柰何？』晏平仲曰：『送死略矣，將何以告焉？』管夷吾曰：『吾固欲聞之。』平仲曰：『既死，豈在我哉？焚之亦可，沈之亦可，瘞之亦可，露之亦可，衣薪而弃諸溝壑亦可，衮衣綉裳而納諸石椁亦可，唯所遇焉。』管夷吾顧謂鮑叔、黄子曰：『生死之道，吾二人進之矣。』

子産相鄭，專國之政，三年，善者服其化，惡者畏其禁，鄭國以治。諸侯憚之。而有兄曰公孫朝，有弟曰公孫穆。朝好酒，穆好色。朝之室也聚酒千鍾，積麴成封，望門百步，糟漿之氣逆于人鼻。方其荒于酒也，不知世道之安危，人理之悔吝，室内之有亡，九族之親疏，存亡之哀樂也。雖水火兵刃交于前，弗知也。穆之後庭比房數十，皆擇稚齒婑媠者以盈之。方其耽于色也，屏親昵，絕交游，逃于後庭，以晝足夜。三月一出，意猶未愜。鄉有處子之娥姣者，必賄而招之，媒而挑之，弗獲而後已。子産日夜以爲戚，密造鄧析而謀之，曰：『僑聞治身以及家，治家以及國，此言自于近至于遠也。僑爲國則治矣，而家則亂矣。其道逆邪？將奚方以救二子？子其詔之！』鄧析曰：『吾怪之久矣！未敢先言。子奚不時其治也，喻以性命之重，誘以禮義之尊乎？』子産用鄧析之言，因間以謁其兄弟，而告之曰：『人之所以貴于禽獸者，智慮。智慮之所將者，禮義。禮義成，則名位至矣。若觸情而動，耽于嗜欲，則性命危矣。子納僑之言，則朝自悔而夕食祿矣。』朝、穆曰：『吾知之久矣，擇之亦久矣，豈待若言而後識之哉？凡生之難遇而死之易及。以難遇之生，俟易及之死，可孰念哉？而欲尊禮義以夸人，矯情性以招名，吾以此爲弗若死矣。爲欲盡一生之歡，窮當年之樂，唯患腹溢而不得恣口之飲，力憊而不得肆情于色，不遑憂名聲之醜，性命之危也。且若以治國之能夸物，欲以説辭亂我之心，榮祿喜我之意，不亦鄙而可憐哉？我又欲與若別之。夫善治外者，物未必治，而身交苦；善治內者，物未必亂，而性交逸。以若之治外，其法可暫行于一國，未合于人心；以我之治內，可推之于天下，君臣之道息矣。吾常欲以此術而喻之，若反以彼術而教我哉？』子產忙然無以應之。他日以告鄧析。鄧析曰：『子與真人居而不知也，孰謂子智者乎？鄭國之治偶耳，非子之功也。』

衛端木叔者，子貢之世也。藉其先貲，家累萬金。不治世故，放意所好。其生民之所欲爲，人意之所欲玩者，無不爲也，無不玩也。墻屋臺榭，園囿池沼，飲食車服，聲樂嬪御，擬齊楚之君焉。至其情所欲好，耳所欲聽，目所欲視，口所欲嘗，雖殊方偏國，非齊土之所産育者，無不必致之，猶藩墻之物也。及其游也，雖山川阻險，塗徑修遠，無不必之，猶人之行咫步也。賓客在庭者日百住，庖厨之下，不絶烟火；堂廡之上，不絶聲樂。奉養之餘，先散之宗族；宗族之餘，次散之邑里；邑里之餘，乃散之一國。行年六十，氣幹將衰，弃其家事，都散其庫藏、珍寶、車服、妾媵。一年之中盡焉，不爲子孫留財。及其病也，無藥石之儲；及其死也，無瘞埋之資。一國之人受其施者，相與賦而藏之，反其子孫之財焉。禽骨釐聞之，曰：『端木叔，狂人也，辱其祖矣。』段干生聞之，曰：『端木叔，達人也，德過其祖矣。其所行也，其所爲也，衆意所驚，而誠理所取。衛之君子多以禮教自持，固未足以得此人之心也。」

孟孫陽問楊朱曰：『有人于此，貴生愛身，以蘄不死，可乎？』曰：『理無不死。』『以蘄久生，可乎？』曰：『理無久生。生非貴之所能存，身非愛之所能厚。且久生奚爲？五情好惡，古猶今也；四體安危，古猶今也；世事苦樂，古猶今也；變易治亂，古猶今也。既聞之矣，既見之矣，既更之矣，百年猶厭其多，况久生之苦也乎？』孟孫陽曰：『若然，速亡愈于久

生。則踐鋒刃，入湯火，得所志矣。』楊子曰：『不然。既生，則廢而任之，究其所欲，以俟于死。將死，則廢而任之，究其所之，以放于盡。無不廢，無不任，何遽遲速于其間乎？』

楊朱曰：『伯成子高不以一毫利物，舍國而隱耕。大禹不以一身自利，一體偏枯。古之人損一毫利天下不與也，悉天下奉一身不取也。人人不損一毫，人人不利天下，天下治矣。』禽子問楊朱曰：『去子體之一毛以濟一世，汝爲之乎？』楊子曰：『世固非一毛之所濟。』禽子曰：『假濟，爲之乎？』楊子弗應。禽子出，語孟孫陽。孟孫陽曰：『子不達夫子之

心，吾請言之。有侵苦肌膚獲萬金者，若爲之乎？』曰：『爲之。』孟孫陽曰：『有斷若一節得一國，子爲之乎？』禽子默然有間。孟孫陽曰：『一毛微于肌膚，肌膚微于一節，省矣。然則積一毛以成肌膚，積肌膚以成一節。一毛固一體萬分中之一物，奈何輕之乎？』禽子曰：『吾不能所以答子。然則以子之言問老聃、關尹，則子言當矣；以吾言問大禹、墨翟，則吾言當矣。』孟孫陽因顧與其徒説他事。

楊朱曰：『天下之美歸之舜、禹、周、孔，天下之惡歸之桀、紂。然而舜耕于河陽，陶于雷澤，四體不得暫安，口腹不得美厚。父母之所不愛，弟妹之所不親。行年三十，不告而娶。乃受堯之禪，年已長，智已衰。商鈞不才，禪位于禹，戚戚然以至于死。此天人之窮毒者也。鮌治水土，績用不就，殛諸羽山。禹纂業事仇，惟荒土功，子産不字，過門不入，身體偏枯，手足胼胝。及受舜禪，卑宫室，美紱冕，戚戚然以至于死。此天人之憂苦者也。武王既終，成王幼弱，周公攝天子之政。邵公不悦，四國流言。居東三年，誅兄放弟，僅免其身，戚戚然以至于死。此天人之危懼者也。孔子明帝王之道，應時君之聘，伐樹于宋，削迹于衛，窮于商周，圍于陳蔡，受屈于季氏，見辱于陽虎，戚戚然以至于死。此天民之遑遽者也。凡彼四聖者，生無一日之歡，死有萬世之名。名者，固非實之所取也。雖稱之弗知，雖賞之不知，與株塊無以异矣。桀藉累世之資，居南面之尊，智足以距群下，威足以震海内。恣耳目之所娱，窮意慮之所爲，熙熙然以至于死。此天民之逸蕩者也。紂亦藉累世之資，居南面之尊，威無不行，志無不從，肆情于傾宫，縱欲于長夜，不以禮義自苦，熙熙然以至于誅。此天民之放縱者也。彼二凶也，生有縱欲之歡，死被愚暴之名。實者，固非名之所與也，雖毁之不知，雖稱之弗知，此與株塊奚以异矣。彼四聖雖美之所歸，苦以至終，同歸于死矣。彼二凶雖惡之所歸，樂以至終，亦同歸于死矣。』

楊朱見梁王，言治天下如運諸掌。梁王曰：『先生有一妻一妾而不能治，三畝之園而不能芸，而言治天下如運諸掌，何也？』對曰：『君見其牧羊者乎？百羊而群，使五尺童子荷箠而隨之，欲東而東，欲西而西。使堯牽一羊，舜荷箠而隨之，則不能前矣。且臣聞之：吞舟之魚，不游枝流；鴻鵠高飛，不集污池。何則？其極遠也。黄鐘大吕，不可從煩奏之舞，何則？其音疏也。將治大者不治細，成大功者不成小，此之謂矣。』

楊朱曰：『太古之事滅矣，孰誌之哉？三皇之事若存若亡，五帝之事若覺若夢，三王之事或隱或顯，億不識一。當身之事或聞或見，萬不識一。目前之事或存或廢，千不識一。太古至于今日，年數固不可勝紀。但伏羲已來三十餘萬歲，賢愚、好醜、成敗、是非，無不消滅，但遲速之間耳。矜一時之毁譽，以焦苦其神形，要死後數百年中餘名，豈足潤枯骨？何生之樂哉？』

楊朱曰：『人肖天地之類，懷五常之性，有生之最靈者也。人者，爪牙不足以供守衛，肌膚不足以自捍禦，趨走不足以從利逃害，無毛羽以禦寒暑，必將資物以爲養，任智而不恃力。故智之所貴，存我爲貴；力之所賤，侵物爲賤。然身非我有也，既生，不得不全之；物非我有也，既有，不得而去之。身固生之主，物亦養之主。雖全生，不可有其身；雖不去物，不可有其物。有其物，有其身，是橫私天下之身，橫私天下之物。不橫私天下之身，不橫私天下物者，其唯聖人乎！公天下之身，公天下之物，其唯至人矣！此之謂至至者也。』

楊朱曰：『生民之不得休息，爲四事故：一爲壽，二爲名，三爲位，四爲貨。有此四者，畏鬼，畏人，畏威，畏刑，此謂之遁民也。可殺可活，制命在外。不逆命，何羨壽？不矜貴，何羨名？不要勢，何羨位？不貪富，何羨貨？此之謂順民也。天下無對，制命在内，故語有之曰：人不婚宦，情欲失半；人不衣食，君臣道息。周諺曰：田父可坐殺。晨出夜入，自以性之恒；啜菽茹藿，自以味之極。肌肉粗厚，筋節腃急，一朝處以柔毛綈幕，薦以粱肉蘭橘，心痟體煩，内熱生病矣。商魯之君與田父侔地，則亦不盈一時而憊矣。故野人之所安，野人之所美，謂天下無過者。昔者宋國有田夫，常衣緼黂，僅以過冬。暨春東作，自曝于日，不知天下之有廣厦隩室，綿纊狐貉。顧謂其妻曰：「負日之暄，人莫知者。以獻吾君，將有重賞。」里之富室告之曰：「昔人有美戎菽，甘枲莖芹萍子者，對鄉豪稱之。鄉豪取而嘗之，蜇于口，慘于腹，衆哂而怨之，其人大慚。子，此類也。」』

楊朱曰：『豐屋美服，厚味姣色。有此四者，何求于外？有此而求外者，無厭之性。無厭之性，陰陽之蠹也。忠不足以安君，適足以危身；義不足以利物，適足以害生。安上不由于忠，而忠名滅焉；利物不由于義，而義名絕焉。君臣皆安，物我兼利，古之道也。鬻子曰：「去名者無憂。」老子曰：「名者實之賓。」而悠悠者趨名不已。名固不可去？名固不可賓邪？今有名則尊榮，亡名則卑辱；尊榮則逸樂，卑辱則憂苦。憂苦，犯性者也；逸樂，順性者也。斯實之所係矣。名胡可去？名胡可賓？但惡夫守名而累實。守名而累實，將恤危亡之不救，豈徒逸樂憂苦之間哉？」

說符第八

子列子學于壺丘子林。壺丘子林曰：『子知持後，則可言持身矣。』列子曰：『願聞持後。』曰：『顧若影，則知之。』列子顧而觀影：形枉則影曲，形直則影正。然則枉直隨形而不在影，屈申任物而不在我，此之謂持後而處先。

關尹謂子列子曰：『言美則響美，言惡則響惡；身長則影長，身短則影短。名也者，響也；身也者，影也。故曰：慎爾言，將有和之；慎爾行，將有隨之。是故聖人見出以知入，觀往以知來，此其所以先知之理也。度在身，稽在人。人愛我，我必愛之；人惡我，我必惡之。湯、武愛天下，故王；桀、紂惡天下，故亡。此所稽也。稽度皆明而不道也，譬之出不由門，行不從徑也。以是求利，不亦難乎？嘗觀之《神農有炎》之德，稽之虞、夏、商、周之書，度諸法士賢人之言，所以存亡廢興而非由此道者，未之有也。』

嚴恢曰：『所爲問道者爲富，今得珠亦富矣，安用道？』子列子曰：『桀、紂唯重利而輕道，是以亡。幸哉余未汝語也！人而無義，唯食而已，是鷄狗也。强食靡角，勝者爲制，是禽獸也。爲鷄狗禽獸矣，而欲人之尊己，不可得也。人不尊己，則危辱及之矣。』

列子學射中矣，請于關尹子。尹子曰：『子知子之所以中者乎？』對曰：『弗知也。』關尹子曰：『未可。』退而習之。三年，又以報關尹子。尹子曰：『子知子之所以中乎？』列子曰：『知之矣。』關尹子曰：『可矣，守而勿失也。非獨射也，爲國與身，亦皆如之。故聖人不察存亡，而察其所以然。』

列子曰：『色盛者驕，力盛者奮，未可以語道也。故不班白語道，失，而况行之乎？故自奮則人莫之告。人莫之告，則孤而無輔矣。賢者任人，故年老而不衰，智盡而不亂。故治國之難在于知賢而不在自賢。』

宋人有爲其君以玉爲楮葉者，三年而成。鋒殺莖柯，毫芒繁澤，亂之楮葉中而不可别也。此人遂以巧食宋國。子列子聞之，曰：『使天地之生物，三年而成一葉，則物之有葉者寡矣。故聖人恃道化而不恃智巧。』

子列子窮，容貌有饑色。客有言之鄭子陽者曰：『列禦寇蓋有道之士也，居君之國而窮。君無乃爲不好士乎？』鄭子陽即令官遺之粟。子列子出見使者，再拜而辭。使者去。子列子入，其妻望之而拊心曰：『妾聞爲有道者之妻子，皆得佚樂，今有饑色，君過而遺先生食。先生不受，豈不命也哉？』子列子笑謂之曰：『君非自知我也。以人之言而遺我粟，至其罪我也，又且以人之言，此吾所以不受也。』其卒，民果作難，而殺子陽。

魯施氏有二子，其一好學，其一好兵。好學者以術干齊侯，齊侯納之，以爲諸公子之傅。好兵者之楚，以法干楚王。王悦之，以爲軍正。禄富其家，爵榮其親。施氏之鄰人孟氏同有二子，所業亦同，而窘于貧。羡施氏之有，因從請進趨之方。二子以實告孟氏。孟氏之一子之秦，以術干秦王。秦王曰：『當今諸侯力爭，所務兵食而已。若用仁義治吾國，是滅亡之道。』遂宮而放之。其一子之衛，以法干衛侯。衛侯曰：『吾弱國也，而攝乎大國之間。大國吾事之，小國吾撫之，是求安之道。若賴兵權，滅亡可待矣。若全而歸之，適于他國，爲吾之患不輕矣。』遂刖之，而還諸魯。既反，孟氏之父子叩胸而讓施氏。施氏曰：『凡得時者昌，失時者亡。子道與吾同，而功與吾异，失時者也，非行之謬也。且天下理無常是，事無常非。先日所用，今或弃之；今之所弃，後或用之。此用與不用，無定是非也。投隙抵時，應事無方，屬乎智。智苟不足，使若博如孔丘，術如呂尚，焉往而不窮哉？』孟氏父子舍然無愠容，曰：『吾知之矣，子勿重言！』

晋文公出會，欲伐衛，公子鋤仰天而笑。公問何笑。曰：『臣笑鄰之人有送其妻適私家者，道見桑婦，悦而與言。然顧視其妻，亦有招之者矣。臣竊笑此也。』公寤其言，乃止。引師而還，未至，而有伐其北鄙者矣。

晋國苦盗，有郄雍者，能視盗之貌，察其眉睫之間而得其情。晋侯使視盗，千百無遺一焉。晋侯大喜，告趙文子曰：

『吾得一人，而一國盜爲盡矣，奚用多爲？』文子曰：『吾君恃伺察而得盜，盜不盡矣，且郄雍必不得其死焉。』俄而群盜謀曰：『吾所窮者郄雍也。』遂共盜而殘之。晉侯聞而大駭，立召文子而告之曰：『果如子言，郄雍死矣！然取盜何方？』文子曰：『周諺有言：察見淵魚者不祥，智料隱匿者有殃。且君欲無盜，莫若舉賢而任之，使教明于上，化行于下，民有耻心，則何盜之爲？』于是用隨會知政，而群盜奔秦焉。

孔子自衛反魯，息駕乎河梁而觀焉。有懸水三十仞，圜流九十里，魚鱉弗能游，黿鼉弗能居，有一丈夫方將厲之。孔子使人并涯止之，曰：『此懸水三十仞，圜流九十里，魚鱉弗能游，黿鼉弗能居也。意者難可以濟乎？』丈夫不以錯意，遂度而出。孔子問之曰：『巧乎？有道術乎？所以能入而出者，何也？』丈夫對曰：『始吾之入也，先以忠信；及吾之出也，又從以忠信。忠信錯吾軀于波流，而吾不敢用私，所以能入而復出者，以此也。』孔子謂弟子曰：『二三子識之！水且猶可以忠信誠身親之，而况人乎？』

白公問孔子曰：『人可與微言乎？』孔子不應。白公問曰：『若以石投水，何如？』孔子曰：『吴之善没者能取之。』

曰：『若以水投水何如？』孔子曰：『淄、澠之合，易牙嘗而知之。』白公曰：『人固不可與微言乎？』孔子曰：『何爲不可？唯知言之謂者乎！夫知言之謂者，不以言言也。争魚者濡，逐獸者趨，非樂之也。故至言去言，至爲無爲。夫淺知之所争者末矣。』白公不得已，遂死于浴室。

趙襄子使新穉穆子攻翟，勝之，取左人、中人，使遽人來謁之。襄子方食而有憂色。左右曰：『一朝而兩城下，此人之所喜也。今君有憂色，何也？』襄子曰：『夫江河之大也，不過三日。飄風暴雨不終朝，日中不須臾。今趙氏之德行，無所施于積，一朝而兩城下，亡其及我哉！』孔子聞之曰：『趙氏其昌乎！夫憂者所以爲昌也，喜者所以爲亡也。勝非其難者也，持之，其難者也。賢主以此持勝，故其福及後世。齊、楚、吴、越皆嘗勝矣，然卒取亡焉，不達乎持勝也。唯有道之主爲能持勝。』孔子之勁，能拓國門之關，而不肯以力聞。墨子爲守攻，公輸般服，而不肯以兵知。故善持勝者以强爲弱。

宋人有好行仁義者，三世不懈。家無故黑牛生白犢，以問孔子。孔子曰：『此吉祥也，以薦上帝。』居一年，其父無故而盲。其牛又復生白犢，其父又復令其子問孔子。其子曰：『前問之而失明，又何問乎？』父曰：『聖人之言先迕後合。其事未究，姑復問之。』其子又復問孔子。孔子曰：『吉祥也。』復教以祭。其子歸致命。其父曰：『行孔子之言也。』居一年，其子又無故而盲。其後楚攻宋，圍其城，民易子而食之，析骸而炊之，丁壯者皆乘城而戰，死者大半。此人以父子有疾皆免。及圍解而疾俱復。

宋有蘭子者，以技干宋元。宋元召而使見其技，以雙枝長倍其身，屬其脛，并趨并馳，弄七劍迭而躍之，五劍常在空中。元君大驚，立賜金帛。又有蘭子又能燕戲者，聞之，復以干元君。元君大怒曰：『昔有异技干寡人者，技無庸，適值寡人有歡心，故賜金帛。彼必聞此而進，復望吾賞。』拘而擬戮之，經月乃放。

秦穆公謂伯樂曰：『子之年長矣，子姓有可使求馬者乎？』伯樂對曰：『良馬可形容筋骨相也。天下之馬者，若滅若没，若亡若失，若此者絕塵弭轍。臣之子皆下才也，可告以良馬，不可告以天下之馬也。臣有所與共擔纆薪菜者，有九方皋，此其于馬，非臣之下也。請見之。』穆公見之，使行求馬。三月而反，報曰：『已得之矣，在沙丘。』穆公曰：『何馬也？』對曰：『牝而黃。』使人往取之，牡而驪。穆公不説，召伯樂而謂之曰：『敗矣，子所使求馬者！色物、牝牡尚弗能知，又何馬之能知也？』伯樂喟然太息曰：『一至于此乎！是乃其所以千萬臣而無數者也。若皋之所觀，天機也，得其精而忘其粗，在其內而忘其外。見其所見，不見其所不見；視其所視，而遺其所不視。若皋之相者，乃有貴乎馬者也。』馬至，果天下之馬也。

楚莊王問詹何曰：『治國奈何？』詹何對曰：『臣明于治身而不明于治國也。』楚莊王曰：『寡人得奉宗廟社稷，願學所以守之。』詹何對曰：『臣未嘗聞身治而國亂者也，又未嘗聞身亂而國治者也。故本在身，不敢對以末。』楚王曰：『善。』

狐丘丈人謂孫叔敖曰：『人有三怨，子知之乎？』孫叔敖曰：『何謂也？』對曰：『爵高者人妒之，官大者主惡之，祿厚者怨逮之。』孫叔敖曰：『吾爵益高，吾志益下；吾官益大，吾心益小；吾祿益厚，吾施益博。以是免于三怨，可乎？』

孫叔敖疾，將死，戒其子曰：『王亟封我矣，吾不受也。

爲我死，王則封汝。汝必無受利地！楚、越之間有寢丘者，此地不利而名甚惡。楚人鬼而越人禨，可長有者唯此也。』孫叔敖死，王果以美地封其子。子辭而不受，請寢丘。與之，至今不失。

牛缺者，上地之大儒也，下之邯鄲，遇盜于耦沙之中，盡取其衣裝車，牛步而去，視之歡然無憂吝之色。盜追而問其故，曰：『君子不以所養害其所養。』盜曰：『嘻！賢矣夫！』既而相謂曰：『以彼之賢，往見趙君，使以我爲，必困我。不如殺之。』乃相與追而殺之。燕人聞之，聚族相戒，曰：『遇盜，莫如上地之牛缺也！』皆受教。俄而其弟適秦，至關下，果遇盜，憶其兄之戒，因與盜力爭，既而不如，又追而以卑辭請物。盜怒曰：『吾活汝弘矣，而追吾不已，迹將箸焉。既爲盜矣，仁將焉在？』遂殺之，又傍害其黨四五人焉。

虞氏者，梁之富人也，家充殷盛，錢帛無量，財貨無訾。登高樓，臨大路，設樂陳酒，擊博樓上，俠客相隨而行。樓上博者射，明瓊張中，反兩㯓魚而笑。飛鳶適墜其腐鼠而中之。俠客相與言曰：『虞氏富樂之日久矣，而常有輕易人之志。吾不侵犯之，而乃辱我以腐鼠。此而不報，無以立慬于天下。

請與若等戮力一志，率徒屬，必滅其家爲等倫。』皆許諾。至期日之夜，聚衆積兵以攻虞氏，大滅其家。

東方有人焉，曰爰旌目，將有適也，而餓于道。狐父之盜曰丘，見而下壺餐以餔之。爰旌目三餔而後能視，曰：『子何爲者也？』曰：『我狐父之人丘也。』爰旌目曰：『譆！汝非盜邪？胡爲而食我？吾義不食子之食也。』兩手據地而嘔之，不出，喀喀然遂伏而死。狐父之人則盜矣，而食非盜也。以人之盜，因謂食爲盜而不敢食，是失名實者也。

柱厲叔事莒敖公，自爲不知己，去，居海上。夏日則食菱芰，冬日則食橡栗。莒敖公有難，柱厲叔辭其友而往死之。其友曰：『子自以爲不知己，故去。今往死之，是知與不知無辨也。』柱厲叔曰：『不然。自以爲不知，故去。今死，是果不知我也。吾將死之，以醜後世之人主不知其臣者也。』凡知則死之，不知則弗死，此直道而行者也。柱厲叔可謂懟以忘其身者也。

楊朱曰：『利出者實及，怨往者害來。發于此而應于外者唯請，是故賢者慎所出。』

楊子之鄰人亡羊，既率其黨，又請楊子之豎追之。楊子曰：『嘻！亡一羊何追者之衆？』鄰人曰：『多歧路。』既反，問：『獲羊乎？』曰：『亡之矣。』曰：『奚亡之？』曰：『歧路之中又有歧焉。吾不知所之，所以反也。』楊子戚然變容，不言者移時，不笑者竟日。門人怪之，請曰：『羊，賤畜，又非夫子之有，而損言笑者，何哉？』楊子不答。門人不獲所命。弟子孟孫陽出，以告心都子。心都子他日與孟孫陽偕入，而問曰：『昔有昆弟三人，游齊、魯之間，同師而學，進仁義之道而歸。其父曰：「仁義之道若何？」伯曰：「仁義使我愛身而後名。」仲曰：「仁義使我殺身以成名。」叔曰：「仁義使我身名并全。」彼三術相反，而同出于儒。孰是孰非邪？』楊子曰：『人有濱河而居者，習于水，勇于泅，操舟鬻渡，利供百口。裹糧就學者成徒，而溺死者幾半。本學泅，不學溺，而利害如此。若以爲孰是孰非？』心都子默然而出。孟孫陽讓之曰：『何吾子問之迂，夫子答之僻？吾惑愈甚。』心都子曰：『大道以多歧亡羊，學者以多方喪生。學非本不同，非本不一，而末异若是。唯歸同反一，爲亡得喪。子長先生之門，習先生之道，而不達先生之况也，哀哉！』

楊朱之弟曰布，衣素衣而出。天雨，解素衣，衣緇衣而反。

其狗不知，迎而吠之。楊布怒，將撲之。楊朱曰：『子無撲矣！子亦猶是也。嚮者使汝狗白而往，黑而來，豈能無怪哉？』

楊朱曰：『行善不以爲名，而名從之；名不與利期，而利歸之；利不與爭期，而爭及之：故君子必愼爲善。』

昔人言有知不死之道者，燕君使人受之，不捷，而言者死。燕君甚怒其使者，將加誅焉。幸臣諫曰：『人所憂者莫急乎死，己所重者莫過乎生。彼自喪其生，安能令君不死也？』乃不誅。有齊子亦欲學其道，聞言者之死，乃撫膺而恨。富子聞而笑之曰：『夫所欲學不死，其人已死而猶恨之，是不

知所以爲學。』胡子曰：『富子之言非也。凡人有術不能行者有矣，能行而無其術者亦有矣。衛人有善數者，臨死，以訣喻其子。其子志其言而不能行也。他人問之，以其父所言告之。問者用其言而行其術，與其父無差焉。若然，死者奚爲不能言生術哉？』

邯鄲之民，以正月之旦獻鳩于簡子，簡子大悅，厚賞之。客問其故。簡子曰：『正旦放生，示有恩也。』客曰：『民知君之欲放之，故競而捕之，死者衆矣。君如欲生之，不若禁民勿捕。捕而放之，恩過不相補矣。』簡子曰：『然。』

齊田氏祖于庭，食客千人。中坐有獻魚雁者，田氏視之，乃嘆曰：『天之于民厚矣！殖五穀，生魚鳥，以爲之用。』衆客和之如響。鮑氏之子年十二，預于次，進曰：『不如君言。天地萬物與我并生，類也。類無貴賤，徒以小大智力而相制，迭相食，非相爲而生之。人取可食者而食之，豈天本爲人生之？且蚊蚋噆膚，虎狼食肉，非天本爲蚊蚋生人、虎狼生肉者哉？』

齊有貧者，常乞于城市。城市患其亟也，衆莫之與。遂適田氏之廄，從馬醫作役而假食。郭中人戲之曰：『從馬醫而食，不以辱乎？』乞兒曰：『天下之辱莫過于乞。乞猶不辱，豈辱馬醫哉？』

宋人有游于道，得人遺契者，歸而藏之，密數其齒。告鄰人曰：『吾富可待矣。』

人有枯梧樹者，其鄰父言枯梧之樹不祥，其鄰人遽而伐之。鄰人父因請以爲薪。其人乃不悅，曰：『鄰人之父徒欲爲薪，而教吾伐之也。與我鄰，若此其險，豈可哉？』

人有亡鈇者，意其鄰之子，視其行步，竊鈇也；顔色，竊鈇也；言語，竊鈇也。動作態度無爲而不竊鈇也。俄而扣其谷而得其鈇，他日復見其鄰人之子，動作態度無似竊鈇者。

白公勝慮亂，罷朝而立，倒杖策，錣上貫頤，血流至地而弗知也。鄭人聞之曰：『頤之忘，將何不忘哉？』意之所屬箸，其行足躓株埳，頭抵植木，而不自知也。

昔齊人有欲金者，清旦衣冠而之市，適鬻金者之所，因攫其金而去。吏捕得之，問曰：『人皆在焉，子攫人之金何？』對曰：『取金之時，不見人，徒見金。』

附録

列子序

張湛

湛聞之先父曰：吾先君與劉正輿、傅穎根，皆王氏之甥也，并少游外家。舅始周，始周從兄正宗、輔嗣皆好集文籍，先并得仲宣家書，幾將萬卷。傅氏亦世爲學門。三君總角競録奇書。及長，遭永嘉之亂，與穎根同避難南行，車重各稱力，并有所載。而寇虜彌盛，前途尚遠。張謂傅曰：『今將不能盡全所載，且共料簡世所希有者，各各保録，令無遺弃。』穎根于是唯齎其祖玄、父咸《子集》。先君所録書中有《列子》八篇。及至江南，僅有存者。《列子》唯餘《楊朱》、《説符》、目録三卷。比亂，正輿爲揚州刺州，先來過江，復在其家得四卷。尋從輔嗣女婿趙季子家得六卷。參校有無，始得全備。

其書大略明群有以至虚爲宗，萬品以終滅爲驗；神惠以凝寂常全，想念以著物自喪；生覺與化夢等情，巨細不限一域；窮達無假智力，治身貴于肆任；順性則所之皆適，水火可蹈；忘懷則無幽不照。此其旨也。然所明往往與佛經相參，大歸同于老、莊。屬辭引類特與《莊子》相似。莊子、慎到、韓非、尸子、淮南子、《玄示》、《旨歸》多稱其言，遂注之云爾。

列子新書目録

劉向

天瑞第一　黄帝第二　周穆王第三　仲尼第四

湯問第五　力命第六　楊朱第七　説符第八

右新書定箸八章。護左都水使者光禄大夫臣向言：所校中書《列子》五篇，臣向謹與長社尉臣參校讎。太常書三篇，太史書四篇，臣向書六篇，臣參書二篇，内外書凡二十篇，以校除復重十二篇，定著八篇。中書多，外書少。章亂布在諸篇中。或字誤，以盡爲進，以賢爲形，如此者衆。及在新書有棧。校讎從中書已定，皆以殺青，書可繕寫。列子者，鄭人也，與鄭繆公同時，蓋有道者也。其學本于黄帝老子，號曰道家。道家者，秉要執本，清虚無爲，及其治身接物，務崇不競，合于六經。而《穆王》《湯問》二篇，迂誕恢詭，非君子之言也。至于《力命》篇，一推分命；《楊子》之篇，唯貴放逸，二義乖背，不似一家之書。然各有所明，亦有可觀者。孝景皇帝時貴黄老術，此書頗行于世。及後遺落，散在民間，未有傳者。且多寓言，與莊周相類，故太史公司馬遷不爲列傳。謹第録。臣向昧死上。護左都水使者光禄大夫臣向所校《列子書録》。

永始三年八月壬寅上。

列子跋

鈕樹玉

《列子》八篇，《漢·藝文志》同。劉向爲之序。余讀而异焉。善乎太史公序《莊》而不序《列》也。蓋《列子》之書見于《莊子》者十有七條，泛稱黄帝五條，鬻子四條，鄧析、關尹喜、亢倉、公孫龍或一二見，或三四見；而見于《吕覽》者四條。其辭氣不古，疑後人雜取他書而成其説。至《周穆王篇》《湯問篇》所載，語意怪誕，則他書所無。或言西方聖人，或言海外神仙，以啓後人求仙佞佛之端，此書其濫觴矣。孟子闢楊、墨，今墨書尚有，而楊朱之説僅見于此書，故博稽者不廢覽觀。然太史公曰：『百家言黄帝，其文不雅馴，搢紳先生難言之。』其卓見不亦超絶哉？

文華叢書

《文華叢書》是廣陵書社歷時多年精心打造的一套綫裝小型開本國學經典。選目均爲中國傳統文化之經典著作，如《唐詩三百首》《宋詞三百首》《古文觀止》《四書章句》《六祖壇經》《山海經》《天工開物》《歷代家訓》《納蘭詞》《紅樓夢詩詞聯賦》等，均爲家喻户曉、百讀不厭的名作。裝幀採用中國傳統的宣紙、綫裝形式，古色古香，樸素典雅，富有民族特色和文化品位。精選底本，精心編校，字體秀麗，版式疏朗，價格適中。經典名著與古典裝幀珠聯璧合，相得益彰，贏得了越來越多讀者的喜愛。現附列書目，以便讀者諸君選購。

文華叢書

書目　一

文華叢書書目

人間詞話（套色）（二册）
三字經·百家姓·千字文·弟子規（外二種）（二册）
三曹詩選（二册）
千家詩（二册）
小窗幽紀（二册）
山海經（插圖本）（三册）
元曲三百首（二册）
元曲三百首（插圖本）（二册）
六祖壇經（二册）
天工開物（插圖本）（四册）
王維詩集（二册）
文心雕龍（二册）
片玉詞（套色、注評、插圖）（二册）
世説新語（二册）
古文觀止（四册）
古詩源（三册）
四書章句（大學、中庸、論語、孟子）（二册）
史記菁華録（三册）
白居易詩選（二册）
老子·莊子（三册）
列子（二册）
西厢記（插圖本）（二册）
宋詞三百首（二册）
宋詞三百首（套色、插圖本）（二册）
宋詩舉要（三册）
李白詩選（簡注）（二册）
李商隱詩選（二册）
李清照集·附朱淑真詞（二册）
杜甫詩選（簡注）（二册）
杜牧詩選（二册）
辛弃疾詞（二册）
呻吟語（四册）

文華叢書

書目 二

（*爲即將出版書目）